ジョギングの効果

ウェイトコントロール

ジョギングは有酸素運動なので非常にダイエット効果が高く、運動を継続することで確実ウェイトをコントロールできます

体力向上

現代人は、どうしても運動不足になりがちです。正しいランニングフォームで運動し続けることによって体力がバランスよくついてきます

リフレッシュ

ストレスが多い現代社会では、適度にリフレッシュする必要があります。ジョギングは頭をリセットし、効率よくリフレッシュできます

自己実現

「レースを完走する」などの目標を掲げて、それを実現したときの充実感は非常に大きなものです。また、変わっていく自分が実感できます

取りあえず走ってみよう

iPod と走るのは、とても簡単です。とはいえ iPod が無ければ話になりませんし、走るための最低限の服装、シューズは必要です。また距離や時間を測定するためには iPod はどれでも良いと言う訳ではなく、iPod nano（現在は第 6 世代の nano が販売されています）か第 2 世代以降の iPod touch が必要です、また、ただ音楽を聴きながら走るだけだと、iPod だけでいいのですが、せっかく距離やペース、消費カロリーまで計測してくる「ナイキプラススポーツキット」があるので、これを使わない手はありません。

現在の第 7 世代の iPod nano や第 4 世代以降の iPod touch、iPhone などではスポーツキットを使わなくても距離や、時間を測定することができるようになっています。自分の使いたい道具を使ってみてください。

第 2 世代以降

ナイキプラススポーツキット

 ナイキのスポーツキットは
レシーバーと靴に入れる
センサーから構成されています。

走る前の準備

iPod nano or iPod touch （第2世代以降） ＋ ナイキプラススポーツキット

① 接続方法

まずは、iPod nano とレシーバーを接続しましょう。iPod nano の下部のコネクターにレシーバーを図のように差し込みます。

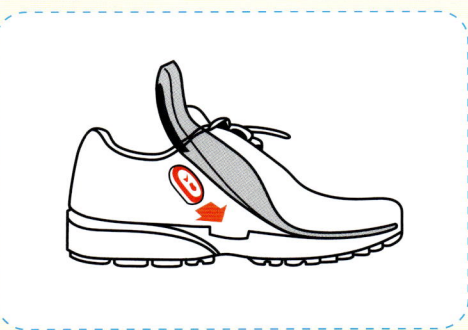

② センサーのセット

ナイキプラススポーツキット対応のナイキの靴にはセンサーをセットする穴があいています。ずれないようにセットしましょう。

CHECK!

ナイキプラスの靴がない場合
もしナイキプラスの靴がない場合靴屋さんで少し厚めの中敷（インソール）を購入し、土踏まずの当たりにセンサーが入る穴をあけて、利用することも可能です

記録が取れてるか確認しましょう

初めての記録

準備運動が終わったらいよいよ、iPod といっしょに運動です。iPod のメニューからナイキプラス iPod（第6世代はフィットネスメニューの中にあります）のメニューを選び、最初は基本ワークアウトを選び、プレイリストから転送しておいた好きなアルバムを選んでください。「歩き回ってください」と iPod が話しかけてくると思います。靴に入れたセンサーと iPod に取り付けたレシーバーがここでリンクされ、走行距離が計測できるようになります。センターボタンを押す（第6世代では「ワークアウトを開始」ボタンをタッチする）と、「ワークアウトを開始しています」と iPod からメッセージが聞こえ、音楽がなりだしたら、運動を初めてください。あとは気の向くまま、そうですね１５分位走るか、歩くかしてみてください。好きな音楽を口ずさみながらの運動は爽快で、周りの景色も違って見えるはずです。運動が終わったら、メニューボタンを押して、ホイールを操作し、ワークアウト終了を選んでください。「距離は〜 km、ペースは〜 km ／時、消費カロリーは〜 kcal」といってくれると思います。お疲れさまでした。

歩き回ってください

距離は 5km、
ペースは 1km6 分、
消費カロリーは
300kcal です

ワークアウトを
開始しています

ここですこし注意しておきたいことがあります。それはイヤフォンは「片方外しておいてください」ということです。道路事情が良くない日本では、歩道を安心して走り続けることができる所はそれほど多くありません。そのため両耳をイヤフォンで塞いでしまうと、非常に危険であると言うことです。音楽を聴きながら運動すると言うのは非常に有効ですが、耳からの情報を遮断していることになります。そのため少なくとも片耳はあけておいて、外からの情報をモニターできるようにしておいてください。車のクラクションが聞こえなくて事故にあってはたまりません。どうかその点は注意してジョギングするようしてください。

実際に運動してみた感じはどうだったでしょうか？ 最初はいろいろ戸惑うことがあるかもしれませんが、何回か使っているうちになれてきます。この iPod で運動を行う点のメリットは自分の走った距離がデータとして管理できる点にあります。しかもとても簡単な方法です。iPod を付属のケーブルでコンピュータにつないでください。iTunes が起動して、走行データをナイキのサーバに転送したあと、「ナイキプラスのホームページにアクセスしますか？」とメッセージが出てきます。

注）ウィンドウズの場合は iTunes が最初から入っているとは限りません。
　　アップルのホームページから無償でダウンロードできますので、iTunes がない場合はダウンロードしてください。

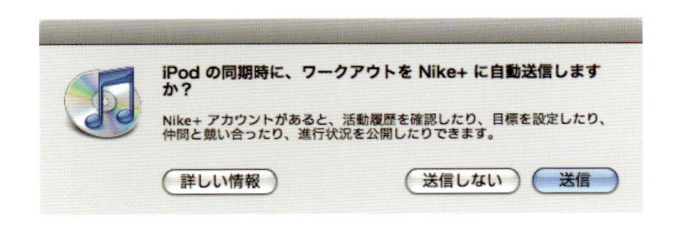

初めてデータを転送した場合、ナイキプラスにアカウントを作る必要がありますが、一度作ってしまえば後はつなぐだけで、自分のデータを転送してくれるようになります。そして総走行距離、月別や週別の走行距離、自分の目標の達成度などさまざまなかたちて自分の運動を確認できるようになります。

アカウント作成

ナイキプラスのホームページにアクセスすると、このような画面が出てきます。初めて走ったデータを転送した場合はアカウントを作成する必要があります。アカウントは、右上の JOIN ボタンを押してください。

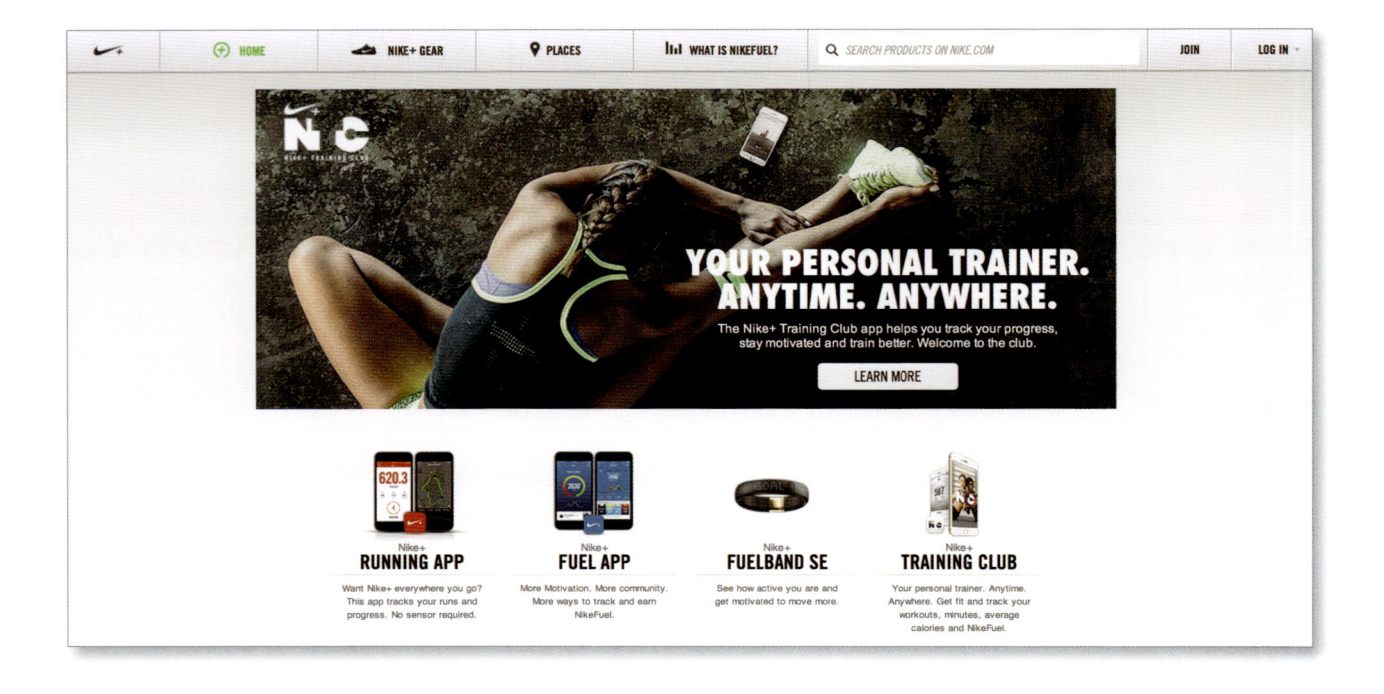

下の図のようにアカウント情報を入れるページになります。メールアドレス、スクリーンネーム、パスワード、生年月日、性別、国名。パスワードを忘れた時の秘密の質問と答えを入れて、Join NIke+ ボタンを押してください。これで登録は完了です。

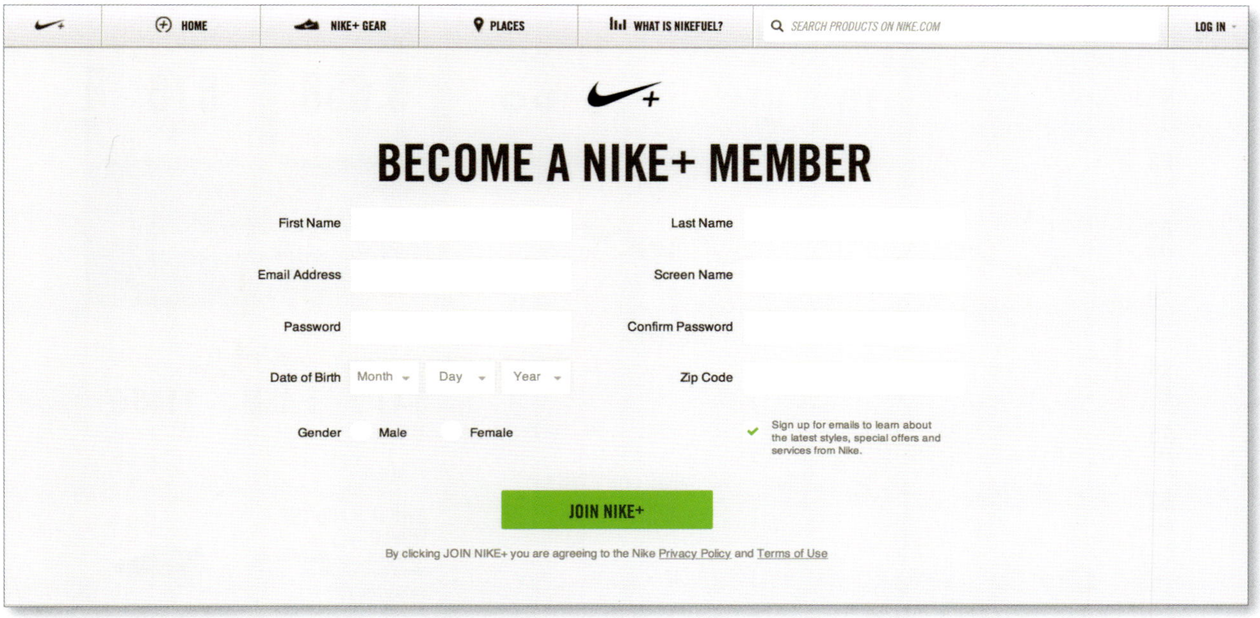

これ以降、iPod をパソコンにつなぐと自動的にナイキプラスのホームページに走ったデータが転送され、入力したメールアドレスとパスワードでログオンするとデータがナイキプラスのサーバに蓄積されて行きます。

記録の確認

実際に走った後にナイキプラスのページにアクセスして、ログインするとこのように
ランデータを確認することができます。また、このランのデータは、週ごとや月ごと
など、いろいろなまとめ方ができます。年間を通しての自分のトレーニングの特性を
調べるのに役に立ちます。

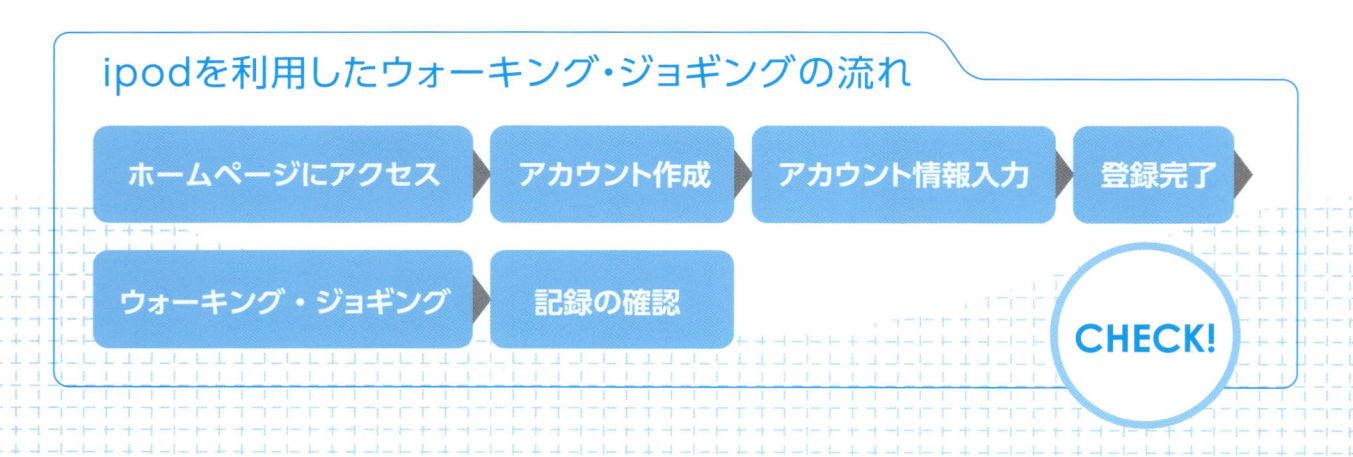

さて，ここからは具体的にどのように走ると良いか，説明していきたいと思います，正しいフォームで走ると驚くほど疲れが少なく，また音楽を聴いているので時間があっという間に過ぎていきます．では始めましょう

Thank you!

今回モデルを快く引き受けてくれた，
オリガ・ホプリャチコワさん。
ロシアからの留学生です。

まずはウォーキング

ウォーキングは普段何気なく行ってる割に、正しく歩けてる人が少ないのが特徴です。しかも無意識で行っているので、いざ直そうとするとくせになっていてなかなかなおりません。この写真を見て背中とお腹をしっかり意識して歩きましょう。

 顎をひき，背筋を伸ばして、肘は90度を保ちます。なるべく遠くを見る感じで、肩はリラックスします。

 腕の振りは，肘を曲げたまま、後ろに引きます。

③ 膝はのばして、踵から着地します。このとき、体重は後ろにかかっていることを意識してください。

 しっかり踵から、足をついて、その上へお腹を乗せていく感じです。

 背中を意識して腕を振りましょう。肩甲骨から腕を振る感じで。

 体がねじれたり、下を向いたり、前傾姿勢は ✕ です。

徐々にスピードアップ

ウォーキングをしっかり行えるようになると、自分の体重をうまく使って推進力に換えることができます。しっかり歩くときの踏み込みの力をどんどん強くすると走ってる状態になってきます。

なれてきたら、どんどん大股で力強く歩いてみましょう。このときも踵からしっかり着地し、膝を曲げないように注意しましょう。

足はけるのではなく、あくまでも踏む感じで着地し、その後はリラックスする。最後まで膝を突っ張ってるとロボットみたいになってしまうので注意してください。

③

フォームのうちでとても大切なのが、下腹の緊張
です。いわゆる丹田（へその下 5cm ぐらい）と
いう場所をしっかり前に出して、そこから前に出て
いく気持ちで歩きましょう。

また、スピードが上がってきても、前傾姿勢になら
ないように気をつけましょう。あくまでも意識とし
てはまっすぐで、背中で走る感覚です。

CHECK!

楽しくジョギング

ウォーキングをしっかり行えるようになると、自分の体重をうまく使って推進力に換えることができます。自分の真下にしっかり踏み込んで、その力で前に進んでみましょう。では、具体的にどのようにすれば効率よく走れるか、モデルのオリガさんの走りをみながら説明したいと思います。

Jogging Form

7 ≪ 6 ≪ 5 ≪

まず下の写真は全体像です。ちょっとあごがあがっているのが気になりますが、全体として非常にきれいな走りになってます。どの辺がきれいかというと体がしっかりのびていて、しかも踏み込んだ力を上手に推進力にかえてます。もうすこし腹筋がついてくれば、さらにいい走りになるでしょう。では、各番号ごとに、次のページから細かく解説していきます。

④ ≪ ③ ≪ ② ≪ ①

Jogging Form

⑦ « ⑥ « ⑤ « ④ « ③ « ② « ①

着地は踵から、出来るだけ膝をのばして着地します。このとき、お腹をしっかり足の真上にもってくるようにするのがポイント。

② 着地した足に全体重を載せていく感じで、お腹から乗っていきます。このとき着地した足の膝の裏がのびている感覚をしっかり感じてください。

 踏み込んだ足にしっかり体重をのせて足の裏全体で体を支えます。

 着地した足に、腰を乗せていく感じでお腹から進んでいきます。このとき真下に踏み込む感じで、また膝のクッションは使わないようにすると、体重が推進力に変わります。

 踏み込んだ足の反動で、反対の足が前に送り出されます。このときもなるべくお腹から前に出て行く感じで。また後ろ足は蹴る必要は無く、リラックスしてるとふくらはぎの弾力で自然に戻ってきます。

 そして、また前にきた足を、膝をのばして着地します。この繰り返しで、効率よく長い距離を走り続けることができます。

効率のいい走り

膝を使わないで走ると、図のようにほとんど頭と腰の位置がかわりません。重心が上下しないということはそれだけ効率の良い走りであり、無駄が無いということです。また膝に負担も少なく長い時間走っても疲れません。

Efficient run

基礎エクササイズ 1

ウォーキングやジョギングはそれだけでもトレーニングになりますが、疲れてくると正しいフォームが崩れてきます。基礎的なトレーニングをして体を作ると、正しいフォームを維持しやすくなります。ポイントは腹筋と背筋、インナーマッスル（腸腰筋）です。これらを鍛えることによって正しいフォームを維持できるようになりましょう。

各エクササイズに示してある、時間、回数、セット数は目安です。自分のできる範囲の回数や時間から、最初は始めてください。

カーフレイズ

踵をつけた状態から、踵をあげます。このとき体がぐらぐらしないように気をつけましょう。

10回×2セット

スクワット

手を前に出した状態で、なるべく膝を前に出さないようにして
スクワットします。

10回 × 2セット

すねはなるべく地面と垂直（①）に膝と腰は９０
度（②、③）に保ちます。最初はここまで深くで
きないと思いますが、徐々にここまで深くできる
ようにしてください。

片手片足バランス

四つん這いの姿勢から、右手と左足、または左手と右足を水平の位置まであげます。手と足を遠くにひっぱりあう感じで伸びましょう。

30秒
×
2セット

この姿勢のときに腰をしっかりのばすようにしましょう（①）。
また足の位置 ② と手の位置 ③ が同じ高さになるようにがんばりましょう。

V 字腹筋

手を腰に当てて、膝を立てた状態で座ります。そして下腹を意識しながら足を持ち上げます。このときなるべく膝と胸の距離を縮めるように足をあげると効果的です。

30秒 × 2セット

足あげ腹筋

仰向けに寝て、両足を約30度持ちあげます。
そこから、10度位上下に動かします。

10回 × 2セット

かかと蹴りだし

通常の自転車こぎの逆回しと考えてください。足が下にあるときに踵からのばしながら蹴りだします。当然足をつけてはいけません。のびきったら膝を曲げて引き寄せてきます。

引き上げた足（①）をなるべく地面すれすれで、のばしきります（②）。同時に逆足を引き寄せた後、蹴りだします（④）。

基礎エクササイズ 2

ここからのエクササイズは、動的に動きながらおこなうストレッチです。肩甲骨や股関節の柔軟性を高め、正しいフォームをつくる助けになる上に、怪我の予防になります。15m位を往復しながら最初は 2 セット位から始め、なれてきたら距離をのばしたりセットを増やしてみましょう。

腕まわしウォーク

大股で歩くときに、写真のように両手をおおきく、クロールのようにまわして歩きます。肩甲骨からまわしてくるように注意しましょう。

ランジウォーク

両手を腰に当てて、大股で歩きます。また足を踏み出したときに写真のように前の膝を十分に曲げ、しっかり腰を落とします（①）。この時前傾しないようにしっかり胸を張ること（②）がポイントです。

サイドランジ

横に歩きながら、伸脚をしながら歩きます。しっかり深めの伸脚をいれることで、股関節の柔軟性を高めます。

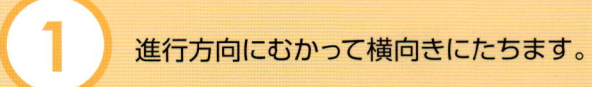

① 進行方向にむかって横向きにたちます。

② 進行方向の膝を90度まであげます。

③ あげた足を、真横に開きます。

4 あげた足を、なるべく広く横におろします。

5 そのまま、伸脚の形をとります。

6 反対側も伸脚の形をとり、一回終了です。これを繰り返します。

健康管理とダイエット

ウォーキングやジョギングでトレーニングすることは重要ですが、実はそれだけでは十分ではありません。健康を維持するにはやはり何を食べるか、どれくらい食べるかが重要です。車に例えるなら運動と栄養管理は両輪と言うことになり、どちらも健康維持には重要です。ダイエットメニューや栄養素に関しては専門書に譲るとして本書では、どういった心がけで食事をとったらいいか、まただいたいの目安などをしめしたいと思います。

? 普通の朝食・昼食・夕食のバランス

通常の食事のバランスは、多くの場合左のようにあってると思います。朝は時間もなくまた、食事よりは睡眠と言う人も多く適当にすましている人も多いでしょう、反対に夕食は、一日の締めくくりでもあり、お酒でも飲みながらたっぷり食べてると言う人が多いと思います。

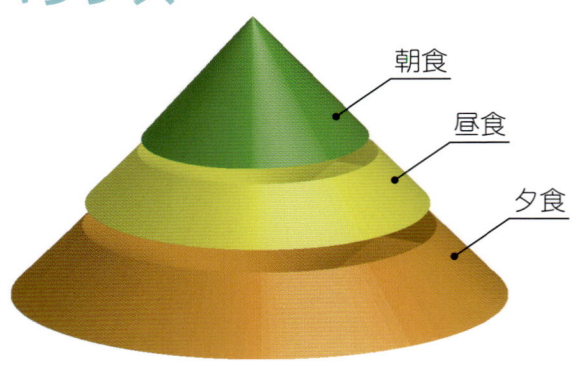

朝食
昼食
夕食

① 朝食は一日の活力の元なので重要

② 夕食で過剰に摂取したカロリーは脂肪に!

③ 食べ過ぎた未消化の食物がたまると病気のもと

ポイントは、その食事は本当に体が必要としてるものかどうか自問してみることです。

理想の朝食・昼食・夕食のバランス

でも、よく考えてみましょう。夕食は本当にそんなにたっぷり必要でしょうか？
もちろん一日の疲れをとり、最大の楽しみと言えばそうですが、それで健康を害しては元も子もありません。要は普段は左のようなバランスで食べていて、特別な日などにたっぷり楽しんで食べるようにするといいと思います。

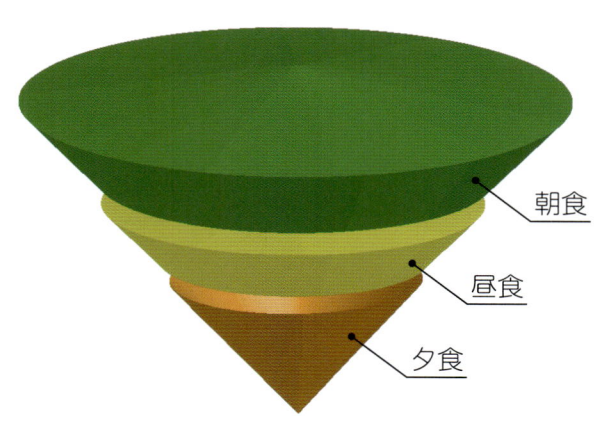

朝食

昼食

夕食

① 朝から、しっかり食べるので、仕事の始動がはやい

② 早起きが必要になるので、一日が十分使える

③ 生活のリズムが出来て規則正しい食生活が可能

普段から、上記のように食べていると、体の調子がいいのに気づくでしょう。

iPodによるトレーニング管理

iPod といっしょに走ってると、自分の走った距離や時間、回数などが自動的に記録されていきます。そしてその記録はナイキプラスのホームページ上でいつでも参照することができるようになります。これこそが iPod と一緒にトレーニングする上で非常にありがたい点です。これまでトレーニングの記録をつけるのが億劫だった私でさえ、トレーニングを続けることができたのはこの記録と参照が手軽であるという点が非常に大きいです。

ポイントは、その日のランニングが
すぐにみられることです。

私の走行距離は、既に 3000km を突破しています。3000km と言うと途方もない距離だと思われるかも知れませんが、何事も続けることで大きなことを達成できます。トレーニングはどれくらい運動を継続して行うかが重要です。積算していった量が最終的にものを言います。反対に強い運動を単発的に行っても効果は薄いだけでなく、怪我の原因ともなります。コツコツと積み重ねることによって、自分自身の体が変わり、大きな目標を達成できるようになります。実は 3000km も一日 5km の積み重ねなのです。単純に計算すると、月に 20 日、毎日 5km 走ると、月に 100km 走ることになります。これを 1 年で約 1000km、それを 3 年で 3000km です。どうでしょうか？続けるとできそうじゃないですか？いきなり月に 20 日は、無理でも 3 日に一回とかを続けると、いずれできるようになってきます。走った日の方が体調が良くなってきます。そうなったら走ることは苦痛ではなく「楽しみ」に変わるでしょう。

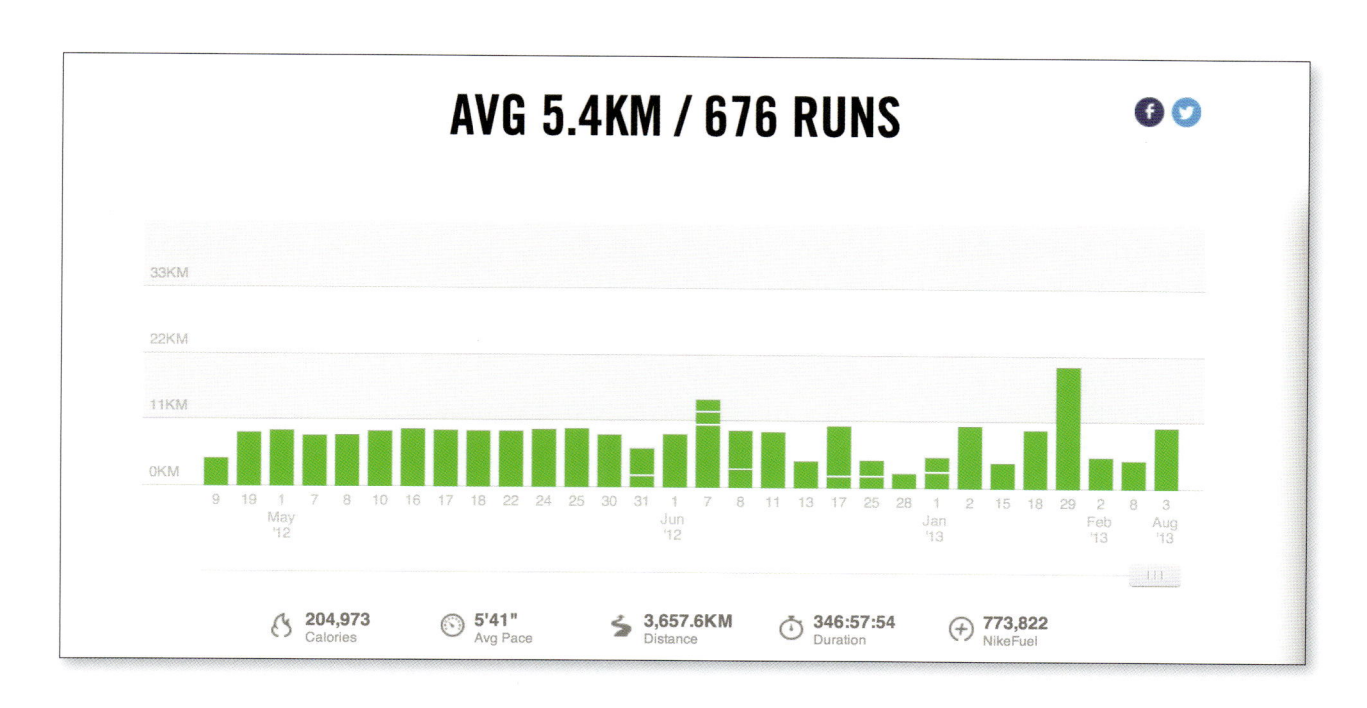

さらにこれまでの記録も全部みられて、
週や月や年ごとの記録も確認できるので、
自分のトレーニングのパターンがよくわかる。

知っておきたい「トレーニングの3原理と5原則」

エクササイズ等のトレーニング内容を自分で考えて実施する場合には、「トレーニングの3原理と5原則」を念頭に入れておきましょう。これは、トレーニング効果を高めるために知っておきたい基本的な概念となります。

①トレーニングの3原理

トレーニングの3原理は、「過負荷の原理」、「可逆性の原理」、「特異性の原理」に分類されます。トレーニング効果は、これらの原理に則して向上することを理解しておきましょう。また、誤ったやり方を行うと悪影響がある事を忘れてはいけません。

過負荷の原理

自分にとってラクな運動では、いくら継続して実践しても効果は期待できません。
ある程度キツいと自覚できる運動強度(自分にとって過負荷)で運動を実践する必要があります。

可逆性の原理

トレーニングを継続している期間中は、その効果を持続させる事ができますが、その効果はトレーニングをやめたとたんに減少していきます。
さらに、この持続や減少の程度は、トレーニングの継続期間に影響されます。

特異性の原理

スポーツ動作の向上を目的としたトレーニングであれ、筋力の向上を目的としたトレーニングであれ、様々なトレーニングは、動作や使われる筋に対して適切なやり方で行わなければ意味がありません。

②トレーニングの5原則

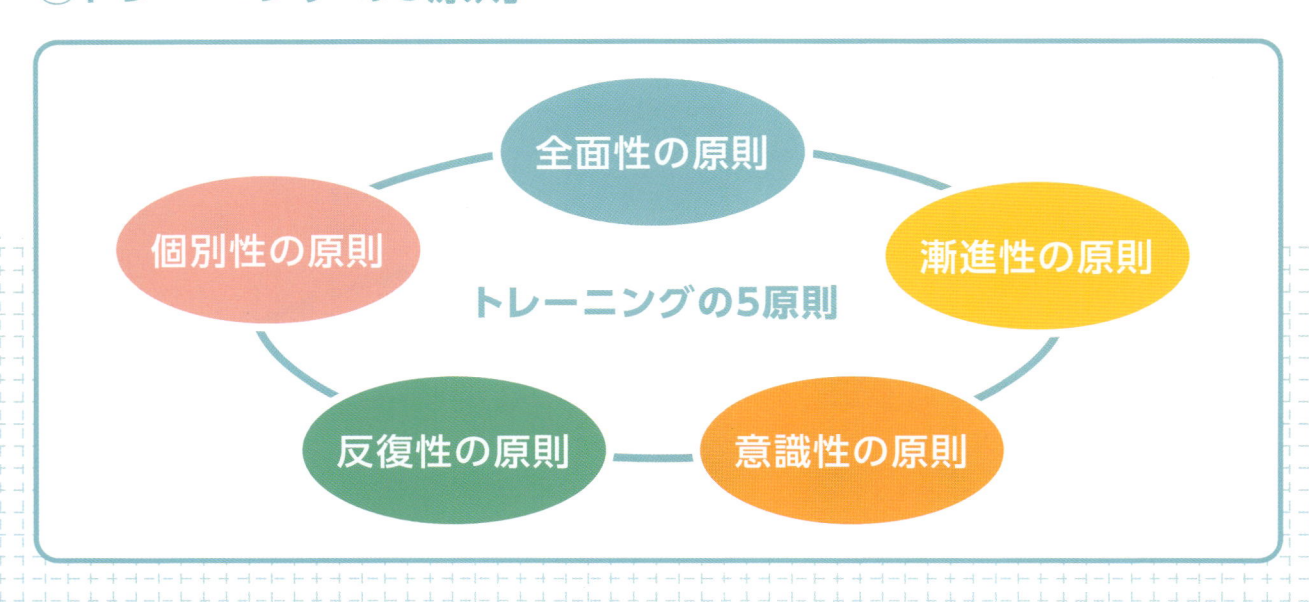

全面性の原則	筋力、持久力、運動の巧みさ等、向上させたい身体能力の要素は多岐に渡ります。これらを個別にトレーニングする前に（あるいは同時に）、あらゆる要素の向上を目的としたトレーニングに取り組む必要があります。
個別性の原則	全てのヒトに共通したトレーニング内容（頻度や負荷等）を適用することは、トレーニング効率を減衰させてしまいます。個人に適した内容を考慮しなければいけません。
反復性の原則	トレーニングは、何回も何日も継続して実施されなければなりません。トレーニング効果は一朝一夕で得れるものではありません。「継続は力なり」です。
漸進性の原則	例えば、筋トレでは筋力向上に従って負荷を重くしていきます。また、インターバルトレーニングでは目標設定時間や走る（泳ぐ）距離を伸ばすことも一案です。このように、トレーニングの量あるいは質を、トレーニング効果の獲得に応じて"徐々に"増やしていきましょう。
意識性の原則	何を目標（目的）としてトレーニングを行うのかをしっかり意識しましょう。これを理解していないと、トレーニング効果は非常に低くなります。

> がむしゃらにトレーニングを継続することは、決して良い事ではありません。「トレーニングの5原則」を理解し、目的に合った内容を計画して実施することが肝心です。また、トレーニングを行う曜日や時間などは、普段の生活と同様に規則正しいリズムを心がけることが重要です。

筋力向上の基礎知識

①なぜ筋トレで筋力が向上するのか？

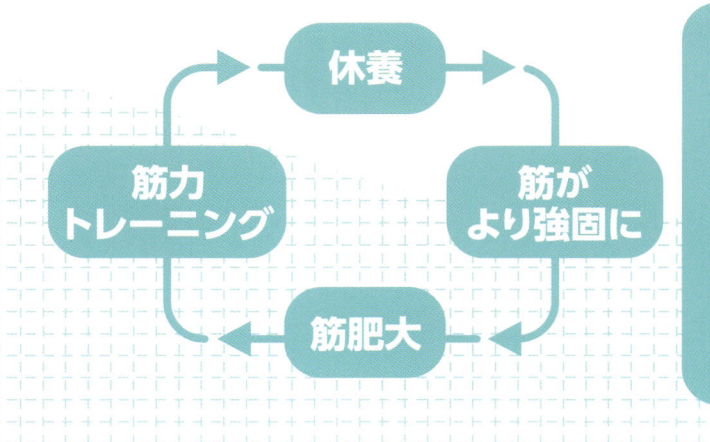

筋力トレーニング → 休養 → 筋がより強固に → 筋肥大 →

> 筋トレの頻度は、2〜3日間隔が最適と言われています。これは、筋がより強固になるまでの時間とも言えます。逆に、過負荷で毎日筋トレを行うことは、筋力向上に対しては非効率的となります。また、ケガを引き起こしてしまう可能性もあるので、気をつけましょう。

②筋力トレーニングによって得られる副次的効果

エネルギー消費量の増加

筋で消費されるエネルギー量は、基礎代謝量のうち約20%程度を占めます。成人男性の平均的な基礎代謝量は1500kcalですから、およそ300kcalになります。骨格筋の重さが体重の約40%であることを考慮すると、筋1kgあたり約15kcalを消費する計算になります。

筋量を1kg増やす事は容易い事ではありませんし、仮に1kg増えても、増える基礎代謝量は15kcalです。だからといって、無駄な事では全くありません。私たちは、日常生活のあらゆる動作（運動）で筋を使います。したがって、基礎代謝以外の部分でも、消費エネルギーの増加が期待できるわけです。

なお、本書で紹介しているエクササイズは、大きな筋をトレーニングする意図も含まれています。大きな筋は、もともとの筋量が多いことになりますので、トレーニングによって増える筋量も多くなることが期待できます。

食事制限による減量後のリバウンド抑制

減量（体重を減らす）に対しては、食事制限（栄養管理）が最も効果的です。その一方で、減量するために、食事制限と適度な運動がしばしばセットで用いられますね。これはなぜでしょう？食事制限のみの減量を行うと、基礎代謝量が減少します。そのため、減量に成功した後で食事制限をやめると、摂取カロリーと消費カロリーのバランスが崩れ、結果的にリバウンドしてしまいます。これに対して、筋力トレーニングを行う事で、基礎代謝量の減少を抑える（抑制する）ことが期待できます。このことは、次に説明する有酸素運動にも当てはまります。

減量することを想像してみてください。生涯、食事制限を続けられますか？

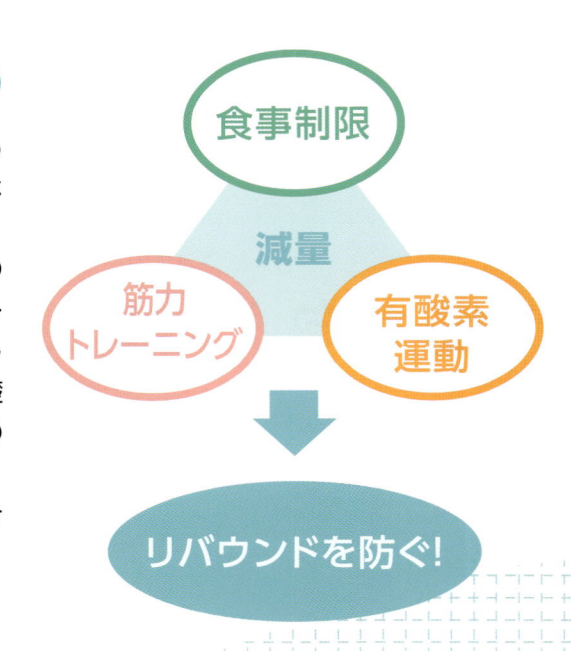

筋力トレーニングには、この他にもいくつかの副次的効果があります。また、トレーニング方法を取捨選択する事で、スリムで引き締まったスタイルやがっしりとしたスタイルなど、目標にした体型に近づけることができます。

有酸素運動の基礎知識

"有酸素運動 ＝ 長時間の運動（ウォーキング、ジョギング、スイミング等）＝ 減量"という概念は、広く周知されています。この有酸素運動を長時間行っていると、体が疲れてきて思うように動かなくなることを誰しも経験しています。これには、体の有酸素性能力が関係しています。また、俗に言う「乳酸がたまる」現象も、有酸素性能力が関係しています。ここでは、大まかな全体像を理解しておきましょう。

有酸素性能力とは？

有酸素運動を持続するために必要な能力

覚えておきたい有酸素性能力の指標

最大酸素摂取量
VO₂max

最大酸素摂取量：VO₂max

酸素摂取量とは、一度に体内に取り込む酸素の量を表します。運動中、体内に取り込まれた酸素は運動時に必要なエネルギーを作り出すために使用されます。ただし、体内に取り込める酸素の量には、上限があります。この上限の量が最大酸素摂取量になります。そのため、一般的に「最大酸素摂取量の大きさ ＝ 持久力」として認知されています。VO₂max は、1分間に摂取された酸素の最大量（ml）を、体重 1kg あたりで算出します。酸素摂取量は、以下の式によって求めることができます。

酸素摂取量（ml/min/kg）＝ 一回拍出量 × 心拍数 × 動静脈酸素較差
動静脈酸素較差 ＝ 動脈中酸素含有量 － 混合静脈中酸素含有量

※酸素摂取量が最大を示したものが、最大酸素摂取量となる。

Fickの原理

ジョギングで起こるケガの対処法

スポーツによるケガは、一過性の外力が原因で起こる「外傷」と、くり返しの慢性的な負荷が原因で起こる「障害」に分けられます。ジョギングでは、筋力不足、フォーム不良、用具不良等を原因として、主に下肢の障害が起こりやすいです。外傷としては、足関節のねんざや下肢の肉ばなれ等が考えられます。

ケガをした場合は、適切な応急処置を行い、病院で診察を受け、適切に治療し、再発を予防することが大切です。

ケガが起こった時の対処法（RICE 処置）

外傷の受傷直後や、障害からの復帰時などの運動直後には、痛みの軽減や過剰な炎症による二次損傷、腫れによる関節可動域の制限や筋力低下によるスポーツ復帰への遅延を防ぐために、RICE 処置と呼ばれる応急処置を行ないます。

Rest （安静にする）	患部に余計なストレスがかからないように安静にします。 必要に応じて、テーピングや副木などで、患部を固定します。
Icing （冷やす）	氷のうやビニール袋に氷を入れて、タオル等で包み、患部を冷やします。15～20 分ぐらいを目安とし、ピリピリとした刺激を感じた後に、無感覚になるまで冷やし、再び痛みが生じた場合は、これをくり返します。外傷の受傷直後から、24～48 時間は、特に念入りに行ないます。
Compression （圧迫する）	弾性包帯で圧迫しながら巻いたり、パッドを使って局所的に圧迫したりします。しびれが出たり、手（足）先が青くなったりした場合は、一旦緩めて症状が消失するのを待ちます。
Elevation （挙上する）	患部を心臓より高く挙げることで、中枢循環システムの促進や重力の利用により、内出血や腫れを軽減します。 腕や足のケガの場合は、椅子やクッション等に患部を乗せて、安静位を保ちます。

Icing は、寒冷アレルギーを有する人に対しては行ないません。また、冷やし過ぎによる凍傷を防ぐため、冷凍庫の氷を用いる場合は、水と混ぜて使用する等の工夫が必要です。冷やしながら、寝てしまうことのないように、注意しましょう。

ジョギングのためのストレッチング

ジョギングでよく使う部位のストレッチングの方法を紹介します。
このストレッチングは、呼吸をしながら痛みを感じる直前までゆっくりと動かし、その状態を保持する方法です。

①背中・おしり・太もも裏のストレッチング

1）かかとをつけたまま座り、足首を持ち、太ももとお腹をつけます。
2）1の状態を保ったまま、膝を徐々に伸ばします。
3）最も伸びるところで 10 秒間静止し、これを 1～3 セット行ないます。

②以降のストレッチングは、ジョギング前は 15～20 秒、ジョギング後はじっくり時間をかけて行います。

②おしりのストレッチング

1）片足立ちになり、反対足を膝にかけます。バランスを取るために壁を使っても構いません。
2）片足立ちをしている太ももにおへそを近づけるように、上体を曲げます。
3）2と同時に、かけた足の膝を後方に押すようにします。

③太もも内側と肩のストレッチング

1）足を横に開き、腰を落とします。
2）膝を手で外に押し出すようにします。
3）肩を入れて、胸の筋肉も同時に伸ばします。

④ふくらはぎのストレッチング

1）足を前後に広げ、ふくらはぎを伸ばします。
2）まずは、後ろになる足の膝を伸ばして行ないます。
3）次に、後ろになる足の膝を曲げて行ないます。
　2種類の方法を行なうことで、ふくらはぎの筋肉を全体的に伸ばします。

膝を伸ばす方法　　　　　　　膝を曲げる方法

⑤太もも付け根のストレッチング

1）足を前後に大きく広げます。
2）後ろになる足の太ももの付け根を伸ばします。
3）骨盤を前に傾けることで、効果が高まります。

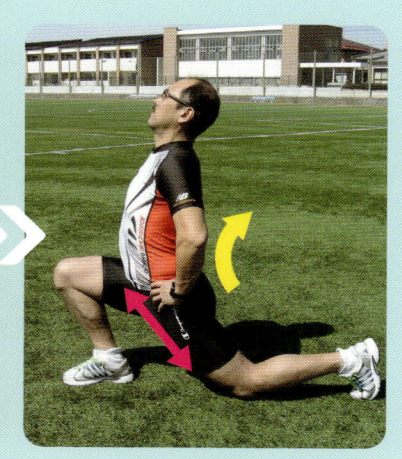

⑥太もも前のストレッチング

1）片足立ちになり、反対足の足首を持ちます。壁を使ってバランスを取っても構いません。
2）膝を曲げ、股関節も同時に後ろに伸ばします。
3）曲げる足は、なるべく一直線にします。

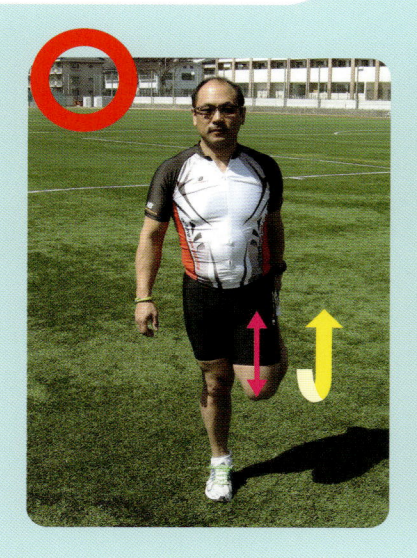

ストレッチングは、なるべく温かい環境で、動きを妨げない服装で行なうことで、より高い効果が得られます。

運動前には、今回紹介したストレッチングの後に、動的なストレッチングも行ない、関節を動かす範囲や運動の強度を徐々に上げていくことで、運動中のケガを予防します。

運動したくなる!?

現在、大学生の運動不足が深刻です。私が調査したデータを少しご覧に入れたいと思います。学生で週に1回以下しか運動しない者が約75%に登ることが調査でわかっています。それらを改善するためには運動する「習慣」を身につけなければなりません。しかし運動習慣を身につけるには一朝一夕にはいきません。

さらに、iPod とナイキプラスのスポーツキットでは、「運動習慣」を変える力があることがわかってきました。私は音楽を聴いて運動すると、何となく楽に感じたり、時間が短く感じたりしたのですが、データからもそれが示されています。

運動を定期的にしない理由

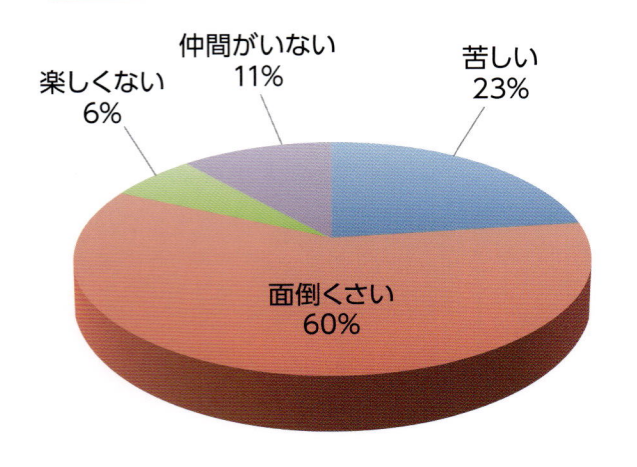

- 🔵 苦しい…23%
- 🔴 面倒くさい…60%
- 🟢 楽しくない…6%
- 🟣 仲間がいない…11%

運動をするために必要な要因は？

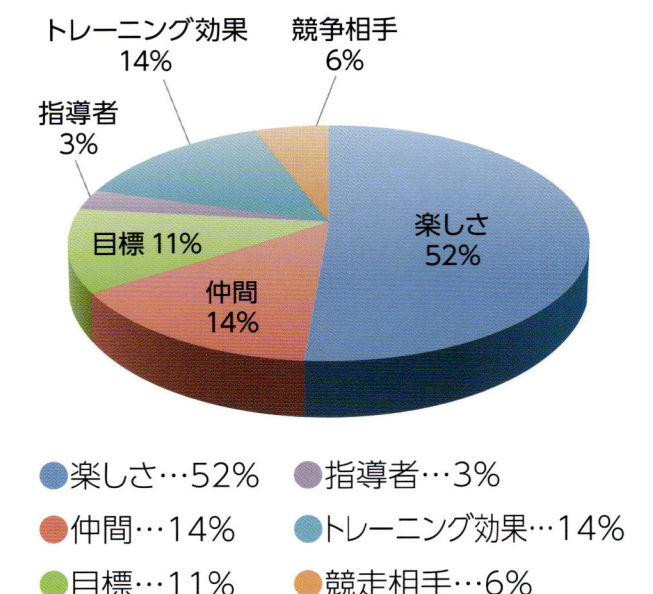

- 🔵 楽しさ…52%　🟣 指導者…3%
- 🔴 仲間…14%　🔵 トレーニング効果…14%
- 🟢 目標…11%　🟠 競走相手…6%

日頃ほとんどの学生が運動を行っておらず、その理由は「面倒くさく」「苦しい」からであり、もし運動を「楽しい」と感じたらやりたいと学生は思っている。

音楽を聴きながら運動すると？

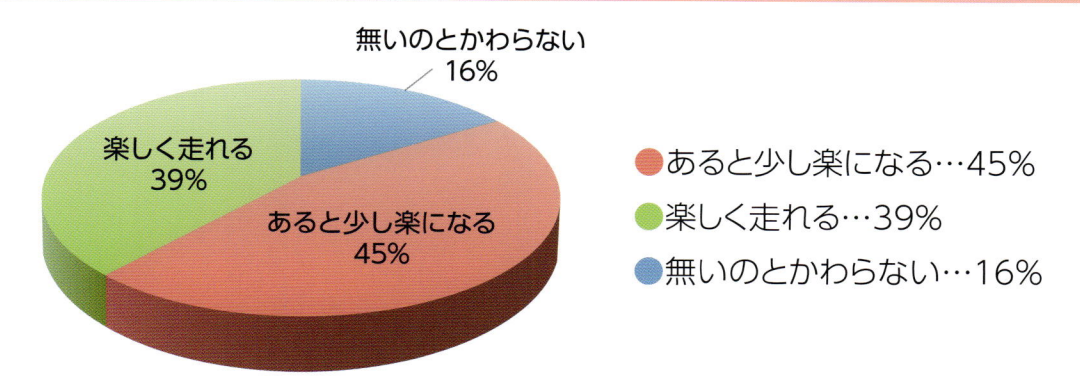

無いのとかわらない
16%

楽しく走れる
39%

あると少し楽になる
45%

● あると少し楽になる…45%
● 楽しく走れる…39%
● 無いのとかわらない…16%

運動するようになった？

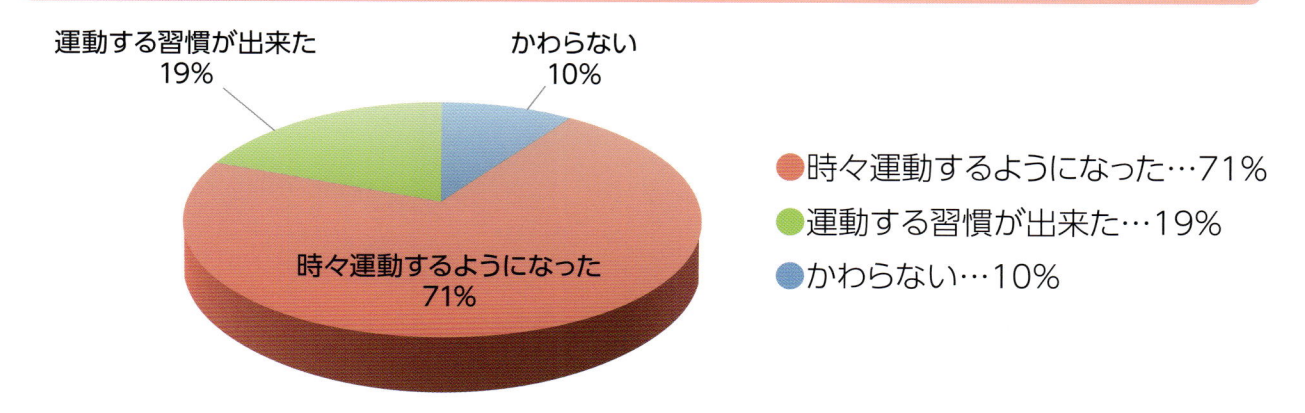

運動する習慣が出来た
19%

かわらない
10%

時々運動するようになった
71%

● 時々運動するようになった…71%
● 運動する習慣が出来た…19%
● かわらない…10%

どれくらい運動するようになった？

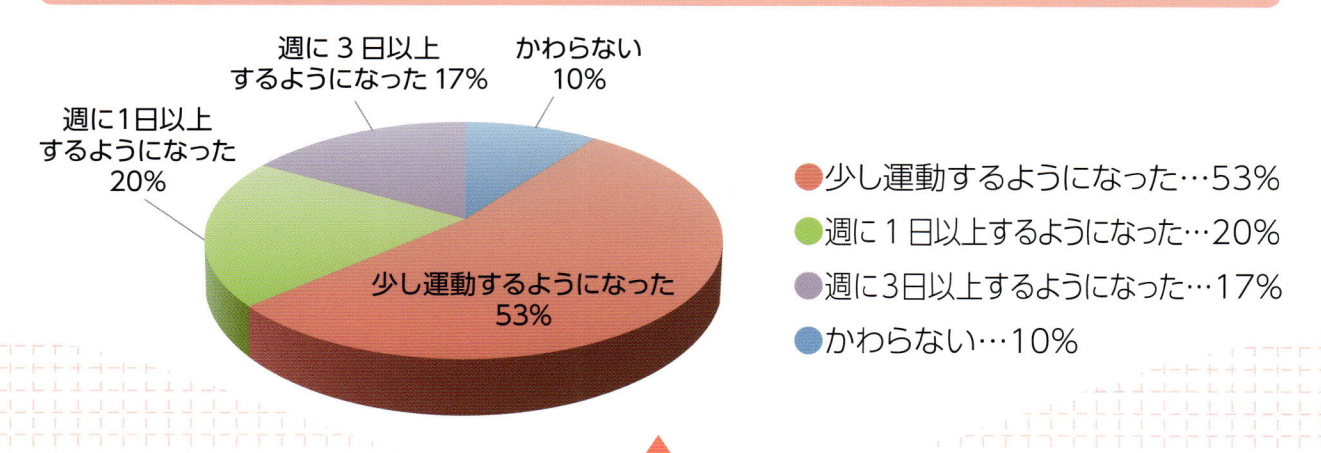

週に3日以上
するようになった 17%

かわらない
10%

週に1日以上
するようになった
20%

少し運動するようになった
53%

● 少し運動するようになった…53%
● 週に1日以上するようになった…20%
● 週に3日以上するようになった…17%
● かわらない…10%

この iPod とナイキプラススポーツキットで多くの学生が、運動を楽しく感じ、これまで無かった運動習慣を身につけることができた !!!!

iPodとナイキプラススポーツキットの生理的効果

iPod とナイキプラスのスポーツキットを使うと半年の使用で、下図のように、「体重と体脂肪が減少し、全身持久力が向上しました。」これは実際の学生のデータですが、期待以上の効果が出てます。

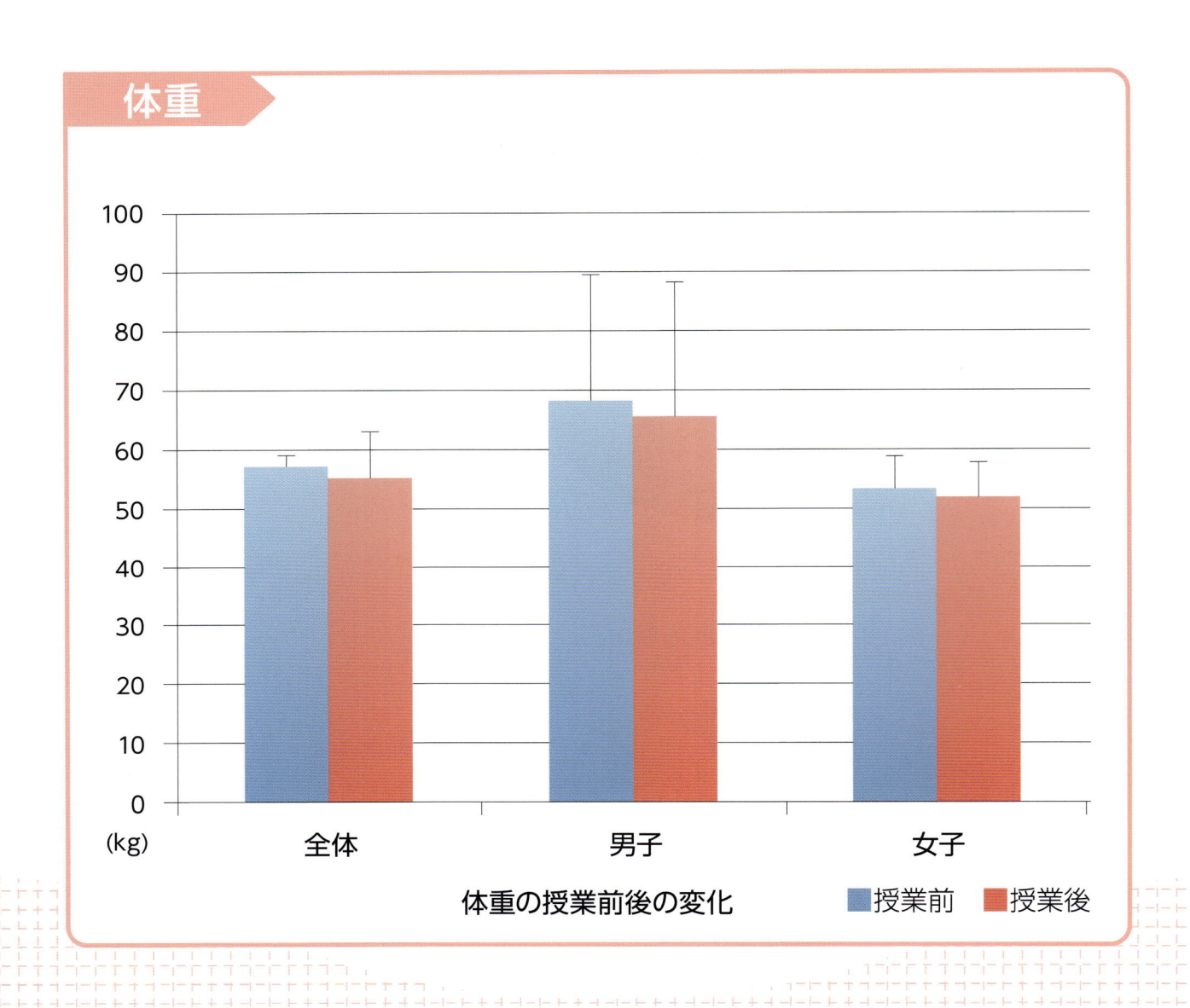

体重

体重の授業前後の変化　■授業前　■授業後

体脂肪

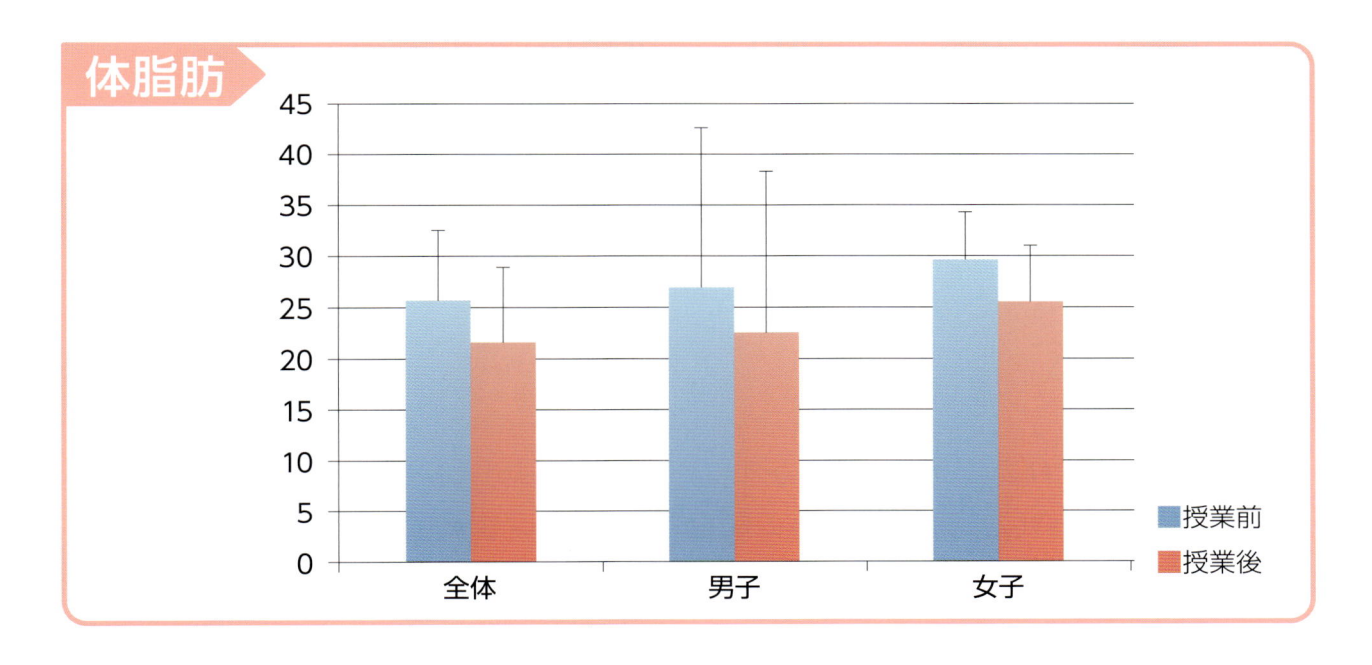

シャトルラン

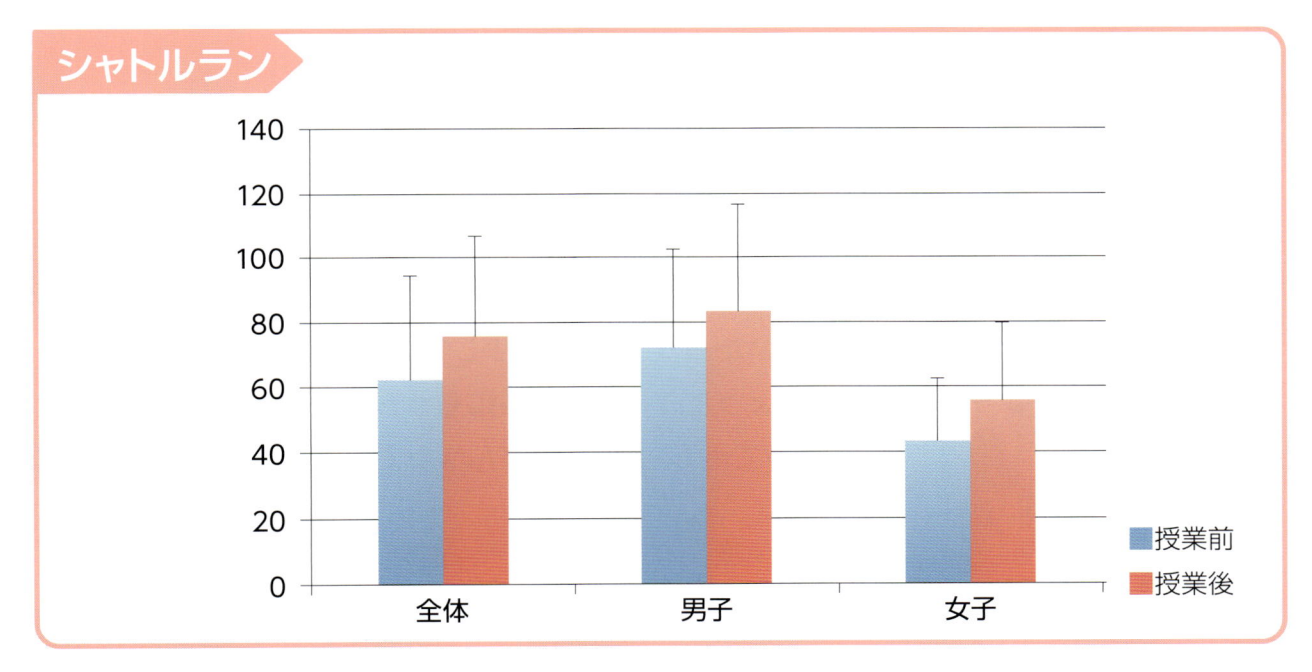

iPod nano とナイキプラススポーツキットを使ってのジョギングアンドウォークの授業の効果は体重、体脂肪が減少し、シャトルランテスト（持久力）が向上した。（信州大学人文社会学研究第 3 号、2009　参照）

iPod とナイキプラススポーツキットは上記学生たちに対して、運動を行うハードルを下げるとともに、知らず知らずのうちに運動を習慣化することを助けてくれており、このような効果をもつものは、これまでに無く画期的だといえます。

運動の習慣化

iPod とナイキプラスのスポーツキットをつかって運動を行うと、運動習慣がかわっていきます。ここではそれをさらに自分の生活に定着させていくかをまとめたいと思います。

ちょっとだけかえてみる

人間の脳は、大きな変化を嫌う傾向があります。これは外部から大きな変化を強いられない限り現状を維持しようという身体の保全の本能といえます。しかし習慣を変えるということはこの大きな変化を強いることになり、いきなり大きな変化（毎日 10km 走るとか）を、試みると必ず失敗します。まずはちょっとした変化（毎日 10 分歩く）位から始めるのがこつです。

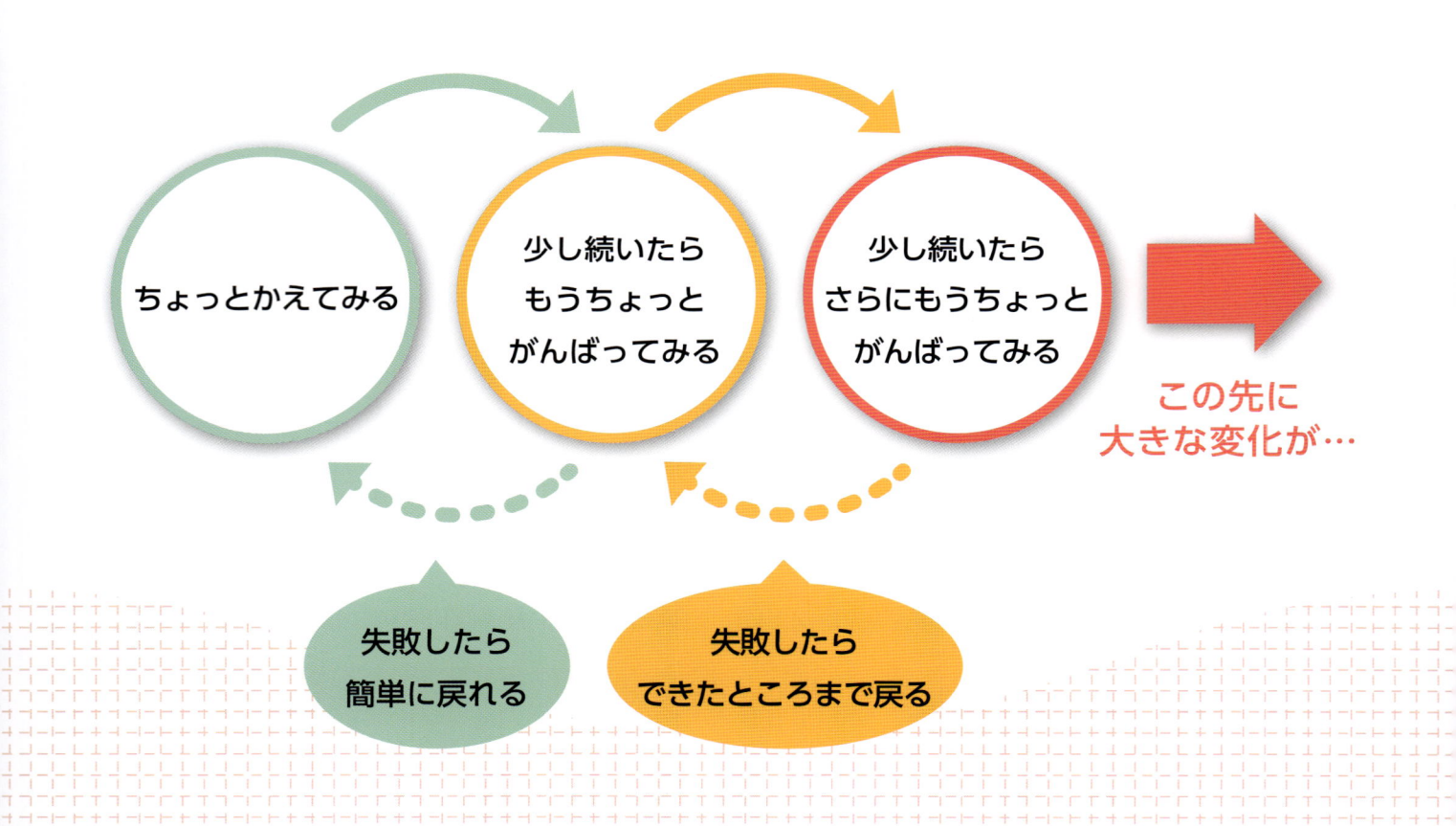

良い習慣を身につけるのは、すこし努力がいります。反対に悪い習慣はあっという間に身に付きます。そのためいくら iPod とナイキプラススポーツキットが優れていても何の努力もなしに良い運動習慣を身につけることはできません。良い運動習慣（運動に限らず）は、下記のような特徴があります。

良い運動習慣 **5** つの特徴

❶ 良い習慣は苦しい

❷ 続けないとすぐに忘れる

❸ いったん身に付くと、生涯の武器となる

❹ 休みたいときも少し動いた方が楽になる

❺ 休んだら、つらいのが実感できれば本物

これらのことを自覚してしっかり運動を行い、運動していることが普通の状態になればしめたものです。休むと元のタイムで走るのがいかに苦しいか実感できるでしょう。走り続ける方が楽なんです。

レースに挑戦

トレーニングが進んで、ある程度走れるようになったら、ぜひ実際に何かの大会やレースに出てみましょう。目標が定まったら俄然やる気が上がってくると思います。もちろん道具や日程の調整、コンディショニングなど大会に向けて行う準備は大変ですが、それらを乗り越えて完走したときの感激はひとしおです。大会に出るために毎日のトレーニングを行い、食事に気をつけ大会のために仕事のやりくりを行う。こういうことを毎日行うことによって人生に非常に大きな張り合いが持て、人生を豊かに過ごすことができます。また一緒に走る仲間もできるようになるでしょう。最初のハードルは高いかもしれませんが、しっかり走れるようになれば、エントリーしてみましょう。新しい世界がまっています。

実際のレースに挑戦してみよう!

最近は、インターネット等でのエントリーなど、レースへの参加が容易になっています。エントリーすることで、練習のモチベーションが高まったり、同じ目標の仲間ができたりして、ジョギングの楽しさが広がります。

エントリー
大会の時期や場所、コース、制限時間、距離を確認してエントリーします。初めての場合、春や秋に平坦なコースで開催される、制限時間の設定が緩やかな大会がいいでしょう。

トレーニング
まずはウォーキングからはじめ、徐々に運動時間や距離を伸ばし、ジョギングへ移行します。フォームの安定や怪我の防止のためにも、体幹や下半身の筋力トレーニングも行いましょう。また、疲労回復や、身体づくりのために、バランスのとれた食事や、アイシング、ストレッチなども重要です。

1週間前
この時期に、焦って追い込むことは怪我や疲労の蓄積につながります。走る距離や速度を落とし、体を休めるようにしましょう。
またレースでは、体内の水分やエネルギー量が重要になってきます。この頃から、炭水化物や水分の摂取量少し増やし(注)、レースで走り負けしない身体を整えます。

前日
レースのシミュレーションやコースの下見、荷物の準備などをして、明日のレースに備えます。練習も軽めのジョギングで済ませるか、完全休養しましょう。重たい食事や、夜更かしは厳禁です!

当日
体が本格的に動くまで 4〜6 時間かかるため、余裕をもって起床し朝食を取りましょう。会場では、レース時間にあわせてアップをし、その後体を冷やさないようにします。衣擦れを防ぐためにワセリンを塗る、暑さ寒さ対策のためのウエア調整、飴やゼリー系の補食などの準備もできるといいでしょう。レースでは、自分のペースをつかむようにスタートし、水分やエネルギーが枯渇する前に補給をしながらゴールを目指します。

フルマラソンでは、最低5ヶ月程度の準備期間があるとよい

(注) グリコーゲンローディングとウォーターローディング

グリコーゲンローディング 筋収縮に必要なグリコーゲン（糖質）を筋内や肝臓に溜め込む食事法。運動量を減らし、高糖質（炭水化物や果物など）を多く摂取することで、レース中のエネルギー切れを起こしにくくする。

ウォーターローディング レース前の一定期間、1回 250ml を上限に、毎日 1.5〜2ℓの水をこまめに摂取する方法。細胞内に水分を蓄えることで、発汗による運動能力の低下や脱水症状を最小限に抑える。

フルマラソンを完走するには!?

では、実際にどのくらい練習をすればフルマラソンを完走できるようになるのでしょうか。マラソン未経験の学生を対象とした練習データ（練習期間3ヶ月、63名挑戦うち完走22名、未完走41名）をもとに、練習量の目安を示してみます。

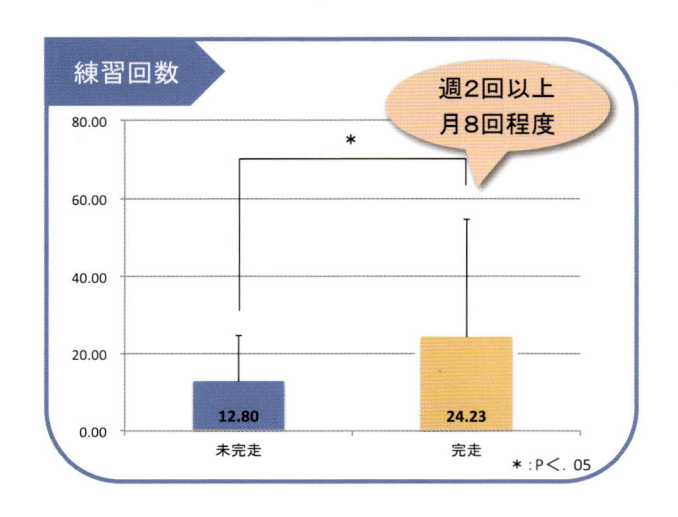

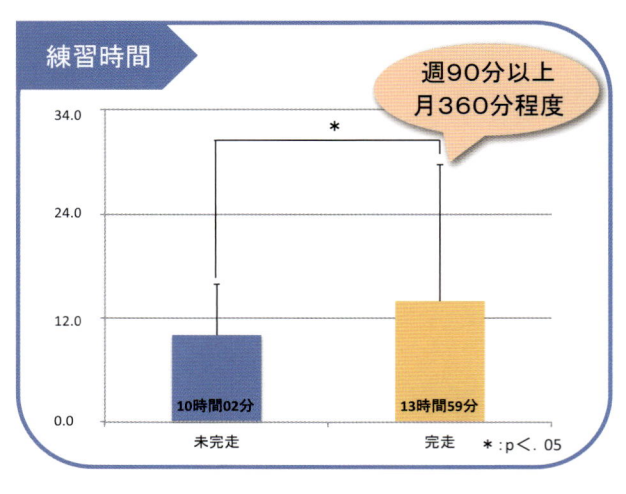

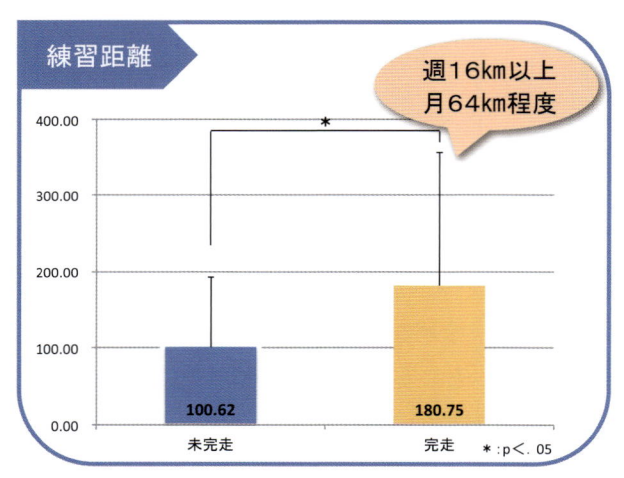

ここでは参考として挙げていますが、全ての人が確実にこのようになるのではなく、個人の運動歴や運動習慣の有無によって練習効果は異なります。事実、この練習での完走者は3割程度なので、この内容をベースにして、自分に適したトレーニングを積んでいきましょう。トレーニングは次のように展開するといいでしょう。

① 30分程度のウォーキングやジョギング、エクササイズをして、トレーニングの習慣をつける。

② 60分程度のジョギングが無理なくできるように、徐々に走る時間と距離を伸ばす。

③ トレーニングの頻度を増やし、うち1回は長距離または長時間のジョギングを取り入れる。

他にも、○足の形や走力、体型にあったシューズやウエア ○塩分や糖分の入った自分好みのドリンク ○エネルギー補給できるゼリーなどの補食、などを用意してトレーニングをしましょう。

熱中症とその予防

①熱中症とは

熱中症とは、高温環境下で、体内の水分や塩分（ナトリウム）などのバランスが崩れたり、体内の調整機能が著しく低下したりして発症する障害の総称です。症状には、体温上昇、めまい、失神、けいれん、意識障害などがあり、場合によっては死に至る可能性もあり、予防法と適切な応急処置を知っておくことが必要です。熱中症は、図のような3つの要因が関わることによって引き起こされます。

環　境	個　人	行　動
・気温、多湿 ・風が弱い ・日差しが強い ・輻射熱が強い ・閉め切った室内 ・エアコンがない ・急に暑くなった日 ・熱波の襲来　　など	・高齢者、乳幼児、肥満 ・持病がある ・低栄養状態 ・脱水症状（下痢、インフルエンザなど） ・体調不良（寝不足、二日酔いなど）　など	・激しい運動 ・慣れない運動 ・長時間の屋外作業 ・水分補給がしにくい　など

熱中症のリスクが高まる

> ☞ **One Point**
>
> ### 暑さ指標（WBGT：Wet-bulb Globe Temperature：湿球黒球温度）とは？
>
> 気温、気流、湿度、物的表面温度（輻射熱）から求められ、温熱環境の指標として労働や運動時の熱中症の予防措置に用いられている指標です。（環境省 HP 参照）
> 日中最高気温が 30℃を超えるあたりで、熱中症による死亡数が増えはじめます。WBGT では 28℃を超えるあたりから、熱中症の発生率と熱中症による死亡者の数が急激に上がるという調査結果が出ています。
>
> 【熱中症予防のための運動指針】
> WBGT31℃以上：運動は原則中止
> WBGT28〜31℃：厳重警戒（激しい運動は中止）
> WBGT25〜28℃：警戒（積極的に休息）
> WBGT21〜25℃：注意（積極的に水分補給）
> WBGT21未満℃：ほぼ安全（適宜水分補給）

②熱中症の種類と対応

熱中症には、次の様な種類があり、それぞれ症状や対応が異なります。もしもの時に備えて、適切に対応できるようにしておきましょう。"意識が無い、返事がおかしい、自分で水分を摂取できない、適切な対応をしても回復しない"などの場合は、迷わず救急車を要請し、医療機関での処置を受けます。

※原因 ○症状 ●対応

熱けいれん

※大量に汗をかき、水だけを補給して血液の塩分（ナトリウム）濃度が低下した時に起こります。

○足、腕、腹部の筋肉に痛みを伴ったけいれんが見られます。

●生理食塩水（0.9%：9g/1ℓの食塩水）を補給

熱失神

※皮膚血管の拡張によって血圧が低下、脳血流が減少して起こります。

○めまい、一時的な失神、顔面蒼白などの症状が見られます。

●熱疲労に同じ

熱疲労

※大量に汗をかき、水分の補給が追いつかず、全身が脱水状態の時に起こります。

○全身の倦怠感、悪心・嘔吐、頭痛、集中力や判断力の低下などの症状が見られます。

●涼しい場所に運び、衣服を緩めて寝かせ、0.1〜0.2%の食塩水やスポーツドリンクを補給。

熱射病

※体温の上昇のため中枢機能に異常をきたした状態で、死の危険性のある緊急事態です。

○体温が高い、意識障害、呼びかけや刺激への反応が鈍い、言動が不自然、ふらつくなどの症状が見られます。

●涼しい場所に運び、水をかけたり、濡れタオルをあてたりして身体を冷やす。同時に救急車を要請!!

③運動時に気をつけること

運動時には、個人の体力や、体型、暑さへの慣れなどの条件や体調を考慮し徐々に体を慣らしてから始めることが大切です。帽子の着用や通気性のいい素材の服を選ぶなど服装に気をつけ、こまめに休憩と水分補給を行いましょう。運動時に体重が2〜3%減少すると脱水や、運動能力の低下、体温調整機能の不全などが起こります。

具合が悪くなった時は早めの措置を行うことが重要です。ただし、水分補給には、次の様な注意が必要です。

水だけを飲むと、体内のナトリウム濃度が低下し、めまいやむくみなどの症状や、場合によっては死の危険性が出たり（水中毒）、Na濃度を回復させようとして、脱水が起こったりします（自発性脱水）。これらの予防のためにも、塩分（0.1〜0.2%）と糖分を含んだ飲料を飲みましょう。

最後に

今回は、ジョギングとウォーキングを iPod とナイキプラスの助けを借りてたのしく、効率的に行う方法を書いてみました。実際、信州大学の授業でこの iPod とナイキプラスの組み合わせでジョギングアンドウォークの授業を行ったところ、運動習慣獲得に非常に大きな成果を上げました。皆さんも音楽を聴きながら、楽しくジョギングアンドウォークをおこない、生涯にわたって健康を維持し、人生に張り合いを持って生活を行ってもらいたいと思います。最後に、本書を書くにあたり支えてくれた多くの方に感謝したいと思います。

Fun for Jogging!

すぎもと みつきみ
杉本 光公 博士（体育科学）

略歴

1989 年	京都教育大学教育学部卒業
1992 年	筑波大学大学院修士課程体育研究科　修了
1896 年	筑波大学大学院博士課程体育科学研究科　単位取得退学
1996 年	筑波大学 体育センター　技官
1998 年	筑波大学体育科学系　助手
1998 年	信州大学　農学部　助教授
2000 年	カンザス州立大学 文部科学省在外研究員（01年まで）
2006 年	信州大学全学教育機構 准教授
2014 年	信州大学　学術研究院　総合人間科学系　教授（現在に至る）

著書

BOWLING EVOLUTION
ストップリリースのボウリング（三恵社）、
2007

大会出場経歴

フライングディスク　アルティメットクラブ
世界選手権大会　日本代表、1997
フライングディスク　アルティメット世界選手権
大会（4位）日本代表、1998

信州大学全学教育機構において教養教育の体育、健康科学を担当。これまでに生涯スポーツのためのニュースポーツ（フライングディスク）授業や、iPod を使ったジョギングアンドウォークの授業を展開し、学生の運動習慣の改善、獲得に一定の効果を上げる。
自身はトライアスロンを 40 歳代のライフワークとして、現在ミドルの大会まで完走している。近々ロングのトライアスロンへの挑戦を目指している。2 児の父親。

はやみ たつや
速水 達也 博士（体育科学）

略歴

2002 年	新潟大学　教育人間科学部　健康スポーツ科学課程　卒業
2005 年	筑波大学大学院　修士課程　体育研究科　修了
2009 年	札幌医科大学　理学療法学第二講座　研究支援者（11年まで）
2010 年	筑波大学大学院　博士課程人間総合科学研究科　修了
2011 年	信州大学　全学教育機構　健康科学教育部門　講師
2015 年	信州大学　学術研究院　総合人間科学系　准教授（現在に至る）
2009 年	全日本スキー連盟　情報・医・科学部　医・トレーナー・科学サポート委員会　ナショナルトレーニングセンターサポート部会員（11年まで）
2011 年	札幌医科大学理学療法学第二講座　訪問研究員（12 年まで）
2013 年	日本オリンピック委員会　拠点ネットワーク推進事業　アシスタントディレクター
2014 年	日本オリンピック委員会　拠点ネットワーク推進事業　拠点コーディネーター

信州大学において、健康科学に関連する科目および教養授業の体育を担当。身体が動くメカニズムを理解し、身体部位の協調を養うことを目的とした授業を展開している。体力学や神経科学に関する研究を専門分野とし、特に「運動感覚」をキーワードとした研究に従事。専門競技は競泳（背泳）。

**Jogging & Walking
with iPod**